Hola Bloom Girl,

¿Cuántas oportunidades ___ _____ ____ ___ miedo a volver a fallar? A todas nos ha pasado, pero nos encanta saber que cada día Dios nos da la oportunidad de un nuevo comienzo; así que cada día date la oportunidad de volver a soñar y trabajar por eso que Dios ha depositado en ti. Hoy piensa en ese sueño que un día Dios puso en tu corazón y dejaste atrás porque la primera vez no te salió como pensabas y retómalo. Retómalo porque si Dios lo puso en tu corazón fue con un propósito, pero esta vez hazlo con Dios. Hazlo confiando que él te guiará, te sostendrá y proveerá lo que necesites para cumplir eso que ha depositado en ti. Hoy oramos que Dios te de nuevos sueños y que sean sueños fuera de lo común para que logres ver el gran potencial que tienes, porque si Dios te lo ha confiado a ti es porque sabe que eres capaz de lograrlo. No te rindas y nunca te canses de ver una nueva oportunidad en cada día.

Con cariño,
Favi y Yoma

Fecha   /   /

El tiempo de Dios es perfecto

Así como Dios ha sido fiel hasta
ahora lo seguirá siendo

Inténtalo
otra vez,
pero esta
vez con
Dios

Tu pasado no te define

Vuelve a soñar

Fecha / /

Dios tiene
una nueva
oportunidad
para ti

Dios te guiará

No tengas miedo a comenzar de nuevo

Dios es más grande que tus miedos

Dios estará contigo en cada parte del proceso

El tiempo de Dios es perfecto

Fecha / /

Fecha / /

Así como Dios ha sido fiel hasta
ahora lo seguirá siendo

Inténtalo
otra vez,
pero esta
vez con
Dios

Fecha   /   /

Tu pasado no te define

Vuelve a soñar

Dios tiene

una nueva

oportunidad

para ti

Dios te guiará

No tengas miedo a comenzar de nuevo

Dios es más grande que tus miedos

Dios estará contigo en cada parte del proceso

El tiempo de Dios es perfecto

Así como Dios ha sido fiel hasta
ahora lo seguirá siendo

Fecha / /

Inténtalo
otra vez,
pero esta
vez con
Dios

Tu pasado no te define

Vuelve a soñar

Dios tiene
una nueva
oportunidad
para ti

Fecha / /

Dios te guiará

No tengas miedo a comenzar de nuevo

Dios es más grande que tus miedos

Dios estará contigo en cada parte del proceso

El tiempo de Dios es perfecto

Así como Dios ha sido fiel hasta
ahora lo seguirá siendo

Fecha   /   /

Inténtalo
otra vez,
pero esta
vez con
Dios

Tu pasado no te define

Vuelve a soñar

Fecha / /

Dios tiene
una nueva
oportunidad
para ti

Dios te guiará

No tengas miedo a comenzar de nuevo

Dios es más grande que tus miedos

Dios estará contigo en cada parte del proceso

El tiempo de Dios es perfecto

Así como Dios ha sido fiel hasta
ahora lo seguirá siendo

Inténtalo otra vez, pero esta vez con Dios

Fecha /   /

Tu pasado no te define

Vuelve a soñar

Fecha / /

Dios tiene
una nueva
oportunidad
para ti

Dios te guiará

Fecha   /   /

No tengas miedo a comenzar de nuevo

Dios es más grande que tus miedos

Fecha / /

Made in the USA
Middletown, DE
25 September 2022

10925988R00057